山西省地方标准

公路隧道照明设计规范

Specifications for Lighting Design of Highway Tunnels

DB14/T 722—2012

主编单位：山西省交通规划勘察设计院
批准部门：山西省质量技术监督局
实施日期：2013 年 01 月 31 日

人民交通出版社

图书在版编目（CIP）数据

公路隧道照明设计规范 DB14/T 722—2012/山西省交通规划勘察设计主编.— 北京：人民交通出版社，2014.3
ISBN 978-7-114-11144-0

Ⅰ.①公… Ⅱ.①山… Ⅲ.①公路隧道—照明设计—设计规范—山西省 Ⅳ.①U453.7-65

中国版本图书馆 CIP 数据核字（2014）第 012979 号

标准类型：山西省地方标准
标准名称：公路隧道照明设计规范
标准编号：DB14/T 722—2012
主编单位：山西省交通规划勘察设计院
责任编辑：李 农
出版发行：人民交通出版社
地　　址：（100011）北京市朝阳区安定门外外馆斜街 3 号
网　　址：http://www.ccpress.com.cn
销售电话：（010）59757973
总 经 销：人民交通出版社发行部
经　　销：各地新华书店
印　　刷：北京市密东印刷有限公司
开　　本：880×1230 1/16
印　　张：1.75
字　　数：44 千
版　　次：2014 年 3 月 第 1 版
印　　次：2014 年 5 月 第 2 次印刷
书　　号：ISBN 978-7-114-11144-0
定　　价：35.00 元

目　　次

前　言

本标准按照GB/T 1.1—2009《标准化工作导则　第1部分：标准的结构和编写》给出的规则起草。

本标准由山西省交通运输厅提出并归口。

本标准起草单位：山西省交通规划勘察设计院。

本标准主要起草人：聂承凯、帖智武、马健中、王永强、梅拥军、张明欣、朱季萍、杨宇峰、杨涛、丁丽、崔兰、朱洪亮、孙晋飞。

公路隧道照明设计规范

1 范围

本标准规定了公路隧道照明设计的一般要求、隧道内各区段照明、接近段减光、应急照明、洞外引道照明、特殊灯光带的设置、光源与灯具的选用、控制与调光、照明供配电与接地及照明计算。

本标准适用于山西省境内新建和改建公路隧道照明的设计。

2 规范性引用文件

下列文件对于本文件的应用是必不可少的。凡是注日期的引用文件,仅所注日期的版本适用于本文件。凡是不注日期的引用文件,其最新版本(包括所有的修改单)适用于本文件。

GB/T 12666 单根电线电缆燃烧试验方法

GB/T 14549 电能质量 公用电网谐波

GB/T 18226 高速公路交通工程钢构件防腐技术条件

GB/T 24969 公路照明技术条件

GB 50034 建筑照明设计标准

GB 50054 低压配电设计规范

GB 50157 地铁设计规范

JTG D20 公路路线设计规范

JTG/T D71 公路隧道交通工程设计规范

3 术语和定义

3.1

光学长隧道

隧道入口前行车道中线上离地面 1.5m 高且距洞口 1 倍照明停车视距处设观测点,在该点观测隧道出口,不能完全看到出口的曲线公路短隧道。

4 总则

4.1 应遵循安全可靠、经济实用、便于维护、节能环保的设计理念,积极稳妥地采用新理论、新技术、新材料、新设备,合理选取照明计算参数和照明方案。

4.2 公路隧道照明是一个系统工程,与公路等级、隧道断面、平纵线形、设计交通量、设计速度、路面类型、洞门形式、洞口周围环境、洞内装饰、隧道通风状况等均有关联,应结合隧道建设总体设计方案综合考虑。

4.3 高速公路和具有干线功能的一级公路隧道照明采用的近期设计交通量取通车 10 年的预测交通量,远期设计交通量取通车 20 年的预测交通量;具有集散功能的一级公路,以及二、三级公路隧道照明采用的近期设计交通量取通车 5 年的预测交通量,远期设计交通量取通车 15 年的预测交通量。

4.4 隧道照明应遵循统一规划、一次设计的原则。当公路隧道照明近期设计亮度达到远期设计亮度的60%时，宜按远期设计方案一次实施，否则宜按近期设计交通量确定的方案实施。当远期实际交通量达到预测的远期交通量时，再按远期设计改造。

4.5　应结合光源类型、灯具布置方式、配光方式、控制方式进行隧道照明方案比较和选择，尽可能选择智能化较高且成熟可靠的方案，使照明系统便于监测和控制。

5　一般要求

5.1　照明设计可按照下列顺序完成：

a）　收集隧道设计有关资料，勘测现场自然环境；

b）　初步判定或现场测定洞外亮度、制订洞外减光方案；

c）　确定入口段、过渡段、中间段及出口段的亮度和长度指标；

d）　选择光源与灯具，确定照明方式、安装位置和角度；

e）　根据确定的公路等级、隧道断面、设计交通量、设计速度、路面类型、洞门形式、灯具类型等各项参数，计算各段亮度、均匀度等；

f）　洞门土建及绿化完工后，对洞外亮度进行实测校核，必要时修正隧道照明设计。

5.2　照明设计需调查的内容：

a）　隧道附近地形、洞口朝向、洞口附近视野情况、植被情况、隧道洞外路段的平纵线形和气象状况等环境条件；

b）　道路等级、隧道长度、平纵线形、洞门结构形式、横断面布置、建筑限界、路面类型、墙面装饰等土建结构物的设计方案；

c）　设计交通量、设计速度、交通组成以及交通组织形式；

d）　通风方式、通风系统烟雾设计浓度等资料；

e）　变配电所位置、容量、电源质量等；

f）　运营管理方式。

5.3　下列公路隧道可不设置照明设施：

a）　长度 $L \leqslant 100$m 的公路隧道；

b）　100m $< L \leqslant 150$m 的非光学长隧道；

c）　长度 $L \leqslant 200$m，且等级在二级及二级以下的公路隧道。

5.4　对于单洞长度小于200m、需要设置照明设施且远离电力系统的隧道，通过全寿命周期技术经济比较，太阳能供电方案优于市电供电方案时，可考虑选用太阳能供电方案。

5.5　平均亮度与平均照度间的换算关系如无实测资料时，黑色沥青路面可按 15lx/(cd·m^{-2})取值，水泥混凝土路面可按 10lx/(cd·m^{-2})取值。

5.6　隧道内路面左、右两侧2m高范围内的平均亮度，不宜低于路面平均亮度的60%。

5.7　隧道内两侧2m高的墙面宜采用反射率不小于0.7的墙面材料装饰。

5.8　单向交通隧道照明区段构成可用图1表示。

5.9　隧道照明设计文件中应明确计算结果和相关的照明参数取值，明确选用照明光源及灯具的性能指标要求，如光源光衰、色温、显色指数、电源效率、平均寿命、整灯光效、功率因数、防护等级等。

6　入口段照明

6.1　洞外亮度

6.1.1　洞外亮度 $L_{20}(t)$ 是时间 t 的函数。隧道照明设计基准洞外亮度 $L_{20}(\max)$ 应取隧址所处位置

$L_{20}(t)$可能出现的最大值。设计基准洞外亮度的实测应选择在当地夏季天气晴好状况下进行，每日测读5次～11次，时距1h，连续时间不少于3d。

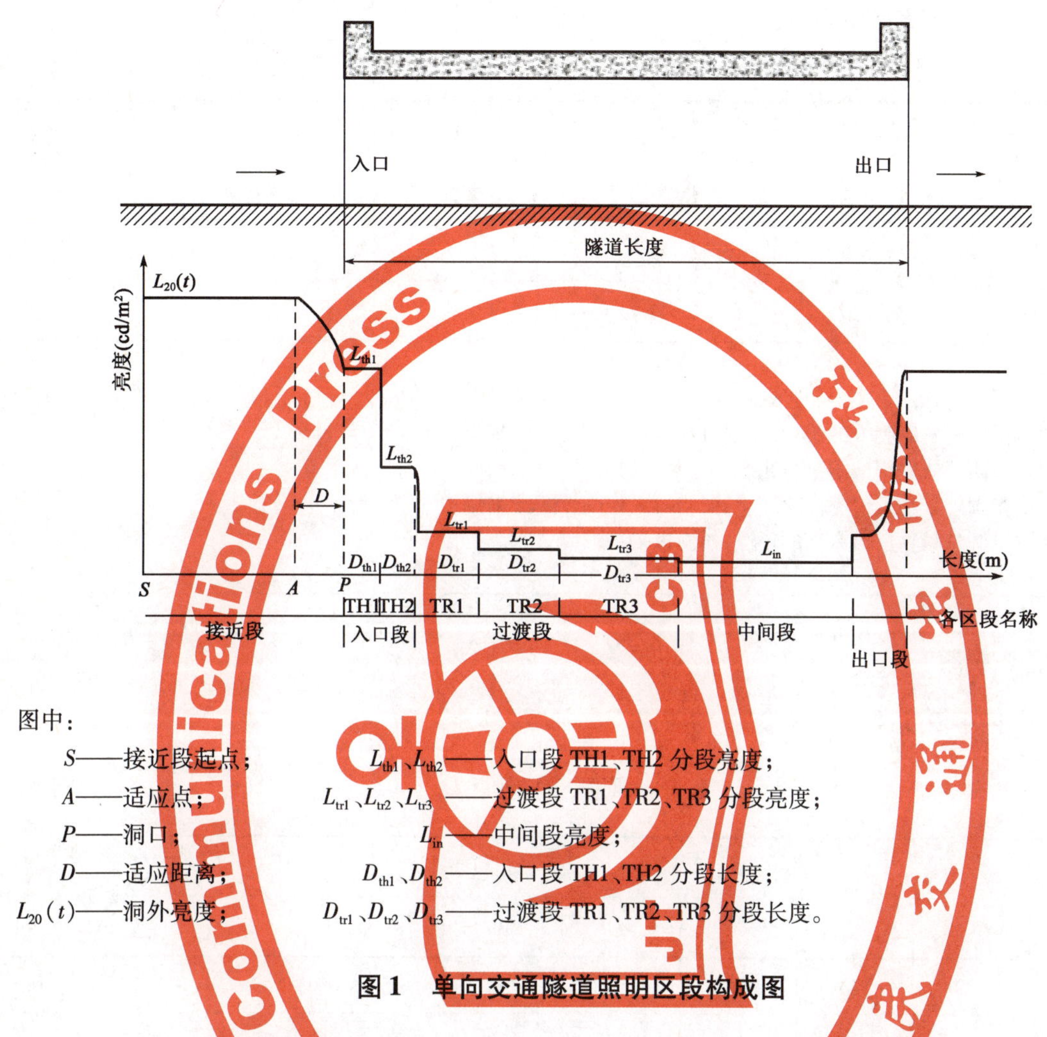

图1 单向交通隧道照明区段构成图

6.1.2 当隧道照明设计基准洞外亮度不具备实测条件时，设计阶段宜按表1选取。

6.1.3 当隧道洞门土建及绿化工程完成后，基准洞外亮度$L_{20}(max)$应进行补充实测。若实测值与设计值的误差超出±25%时，应调整隧道照明设计，可选用的实测方法有计算查表法、黑度法、环境简图法、数码相机测试法、成像亮度仪法等。

表1 基准洞外亮度 $L_{20}(max)$ 单位为坎德拉每平方米

天空面积百分比	洞口朝向或洞外环境	设计速度 v_t(km/h)			
		40	60	80	100
35%～50%	南洞口	—	—	4 000	4 500
	北洞口	—	—	5 500	6 000
25%	南洞口	3 000	3 500	4 000	4 500
	北洞口	3 500	4 000	5 000	5 500

表 1（续） 单位为坎德拉每平方米

天空面积百分比	洞口朝向或洞外环境	设计速度 v_t（km/h）			
		40	60	80	100
10%	暗环境	2 000	2 500	3 000	3 500
	亮环境	3 000	3 500	4 000	4 500
0%	暗环境	2 000	2 500	3 000	3 500
	亮环境	2 500	3 000	3 500	4 000

注 1：天空面积百分比指 20°视场中天空面积百分比；
注 2：南洞口指北行车辆驶入的洞口，北洞口指南行车辆驶入的洞口；
注 3：东洞口与西洞口取用南洞口与北洞口之平均值；
注 4：暗环境指洞外景物反射率低的环境，如洞口采用削竹式或采用树木、草地绿化时；
注 5：亮环境指洞外景物反射率高的环境，如洞口采用端墙式时。

6.2 照明停车视距

照明停车视距 D_s 可按表 2 取值。

表 2 照明停车视距 D_s 单位为米

设计速度 v_t（km/h）	纵坡（%）								
	-4	-3	-2	-1	0	+1	+2	+3	+4
100	179	173	168	163	158	154	149	145	142
80	112	110	106	103	100	98	95	93	90
60	62	60	58	57	56	55	54	53	52
40	29	28	27	27	26	26	25	25	25

6.3 入口段照明亮度和长度计算

6.3.1 入口段宜由 TH1、TH2 两个照明段组成，与之对应的亮度 L_{th} 可按式（1）和式（2）计算：

$$L_{th1} = k \times L_{20}(\max) \quad (1)$$

$$L_{th2} = \frac{1}{2} \times k \times L_{20}(\max) \quad (2)$$

式中：L_{th1}——入口段 TH1 亮度计算值，单位为坎德拉每平方米（cd/m²）；
L_{th2}——入口段 TH2 亮度计算值，单位为坎德拉每平方米（cd/m²）；
k——入口段亮度折减系数，可按表 3 选取；
$L_{20}(\max)$——设计基准洞外亮度，单位为坎德拉每平方米（cd/m²）。

表 3　入口段亮度折减系数 k

设计交通量 N [辆/(h·车道)]		k 设计速度 v_t(km/h)			
单向交通	双向交通	100	80	60	40
≥1 200	≥650	0.045	0.035	0.022	0.012
≤350	≤180	0.035	0.025	0.015	0.01

注 1:设计交通量 N 指单洞每车道混合车高峰小时交通量;
注 2:当交通量在其中间值时,内插计算取值。

6.3.2　入口段长度可按式(3)计算:

$$D_{th1} = D_{th2} = \frac{1}{2}\left(1.154D_s - \frac{h-1.5}{\tan 10^\circ}\right) \tag{3}$$

式中:D_{th1}——入口段 TH1 长度计算值,单位为米(m);
D_{th2}——入口段 TH2 长度计算值,单位为米(m);
D_s——照明停车视距,按表 2 选取,单位为米(m);
h——洞内净空高度,单位为米(m)。

6.4　入口段照明设计取值

6.4.1　长度 150m < L≤300m 的非光学长隧道,入口段仅设 TH1 照明段,照明设计亮度宜按中间段亮度的 5 倍取值,布置总长度宜按 $2D_{th1}$ 取值。
6.4.2　长度 300m < L≤500m 的非光学长隧道,入口段照明设计亮度 L_{th1} 和 L_{th2} 按式(1)和式(2)计算值的 50% 分别取值,布置长度 D_{th1} 和 D_{th2} 按式(3)计算值取值。
6.4.3　长度 100m < L≤200m 的光学长隧道,入口段照明设计亮度 L_{th1} 和 L_{th2} 按式(1)和式(2)计算值的 50% 分别取值,布置长度 D_{th1} 和 D_{th2} 按式(3)计算值取值。
6.4.4　长度 L > 200m 的光学长隧道、长度 L > 500m 的隧道,入口段照明设计亮度 L_{th1} 和 L_{th2} 按式(1)和式(2)计算值分别取值,布置长度 D_{th1} 和 D_{th2} 按式(3)计算值取值。

6.5　入口段灯具布置

6.5.1　入口段灯具平面布置可采用中间布灯、中偏侧布灯、双侧布灯等形式。
6.5.2　入口段的照明由基本照明和加强照明两部分组成,入口段的基本照明灯具布置方式宜与中间段灯具布置方式一致,加强照明可选用功率较大的灯具。
6.5.3　入口段的加强照明所用灯具,应从洞门建筑顶部以内 10m 开始布设,入口段基本灯具可从洞门建筑顶部以内 4m ~ 6m 开始布设。

6.6　入口段照明亮度的折减

两座隧道间行驶时间按设计速度计算小于 10s,且通过前一座隧道内的行驶时间大于 30s 时,后续隧道的入口段照明设计亮度折减率可按表 4 选取。

表 4 后续隧道入口段亮度折减率

两隧道之间的行驶时间(s)	<2	<5	<10
后续隧道入口段亮度的折减率(%)	50	30	25

7 过渡段照明

7.1 过渡段照明亮度和长度计算

7.1.1 过渡段宜由 TR1、TR2、TR3 三段组成,各过渡段照明亮度 L_{tr} 宜按表 5 计算。

表 5 过渡段亮度 L_{tr}

单位为坎德拉每平方米

照明段	过渡段Ⅰ(TR1)	过渡段Ⅱ(TR2)	过渡段Ⅲ(TR3)
亮度 L_{tr}	$L_{tr1}=0.3L_{th2}$	$L_{tr2}=0.1L_{th2}$	$L_{tr3}=0.04L_{th2}$

7.1.2 TR1、TR2、TR3 三个过渡照明段长度 D_{tr} 宜按表 6 选取。

表 6 过渡段长度 D_{tr}

单位为米

设计速度 v_t(km/h)	D_{tr1}	D_{tr2}	D_{tr3}
100	106	111	167
80	72	89	133
60	44	67	100
40	26	44	67

7.2 过渡段照明设计取值

7.2.1 长度 150m < L ≤ 300m 的非光学长隧道以及长度 100m < L ≤ 200m 的光学长隧道,可不设置过渡照明段。

7.2.2 长度 300m < L ≤ 500m 的非光学长隧道、长度 L > 200m 光学长隧道、长度 L > 500m 的隧道,各过渡段设计亮度 L_{tr} 可按表 5 计算取值,布置长度 D_{tr} 可按表 6 取值。

7.2.3 当过渡段 TR2 或 TR3 的设计亮度不大于中间段照明设计亮度的 3.3 倍时,可取消该过渡段。

7.3 过渡段灯具布置

7.3.1 过渡段灯具平面布置可采用中间布灯、中偏侧布灯、双侧布灯等形式,安装高度宜与入口段灯具一致。

7.3.2 过渡段的照明由基本照明和加强照明两部分组成,过渡段的基本照明灯具布置方式宜与中间段灯具布置方式一致,加强照明宜选用功率较大的灯具。

8 中间段照明

8.1 中间段照明亮度的选用

中间段照明亮度可按表 7 选用。

表7 中间段亮度 L_{in} 单位为坎德拉每平方米

设计速度 v_t (km/h)	L_{in}	
	单向交通 $N>1\,200$ 辆/(h·车道) 双向交通 $N>650$ 辆/(h·车道)	单向交通 $N\leqslant 350$ 辆/(h·车道) 双向交通 $N\leqslant 180$ 辆/(h·车道)
100	6.5	4.0
80	3.5	2.0
60	2.0	1.5
40	1.5	1.5

注:当 350 辆/(h·车道)＜单向交通 $N\leqslant 1\,200$ 辆/(h·车道)或 180 辆/(h·车道)＜双向交通 $N\leqslant 650$ 辆/(h·车道)时,中间段亮度按内插计算选取。

8.2 中间段照明亮度的设计取值

8.2.1 以设计速度通过单向交通隧道的行车时间超过 135s 时,隧道中间段可分为两个区段:第一个区段为隧道内 30s 行车时间的长度,中间段设计亮度可按表 7 取值;第二个区段设计亮度可按第一个区段的 80% 取值,最终亮度不得低于 1.5cd/m^2。

8.2.2 当中间段采用隧道 LED 灯等显色指数较高的光源时,中间段设计亮度可按表 7 规定值的 80% 取值,但最终亮度不应低于 1.0cd/m^2。

8.2.3 人车混合通行的隧道,中间段亮度不应低于 2.0cd/m^2。

8.3 中间段灯具布置

8.3.1 中间段灯具平面布置可采用中间布灯、中偏侧布灯、双侧布灯等形式。

8.3.2 隧道中间段处于半径在 1 000m 以下的圆曲线段内,且采用中偏侧布灯方式时,灯具应靠近曲线外侧布置,布设间距宜为直线段间距的 0.5 倍 ~0.7 倍,转弯处的灯具不应安装在直线段灯具的延长线上。

8.3.3 隧道中间段处于半径在 1 000m 以下的圆曲线段内,且采用两侧布灯方式时,宜采用对称布置。

8.3.4 路面亮度总均匀度应不低于表 8 所示值。

表8 路面亮度总均匀度 U_0

设计交通量 N[辆/(h·车道)]		U_0
单 向 交 通	双 向 交 通	
≥1 200	≥650	0.4
≤350	≤180	0.3

注:当交通量在其中间值时,内插计算取值。

8.3.5 路面中线亮度纵向均匀度应不低于表 9 所示值。

8.3.6 灯具布置应满足低于 2.5Hz 或高于 15Hz 的闪烁频率要求。

表 9　路面中线亮度总均匀度 U_1

设计交通量 N[辆/(h·车道)]		U_1
单向交通	双向交通	
≥1 200	≥650	0.6~0.7
≤350	≤180	0.5
注：当交通量在其中间值时，内插计算取值。		

8.4　紧急停车带和车(人)行横洞照明

8.4.1　紧急停车带宜采用荧光灯、隧道 LED 灯或其他显色指数高的光源，白天紧急停车带内照明亮度应不低于 5cd/m²；高速公路和具有干线功能的一级公路隧道在夜间交通量低于 350 辆/(h·车道)或二级及二级以下公路隧道在夜间交通量低于 180 辆/(h·车道)时，紧急停车带内亮度应不低于2.5cd/m²。

8.4.2　车行、人行横洞照明亮度应不低于 2.5cd/m²。

8.5　地下建筑物照明

8.5.1　无人值守的隧道地下变电所、地下风机房内照明灯具应分组控制，且工作区内不少于 30% 灯具应由不间断电源供电；作业面上的照度标准宜按照 GB 50034 一般作业要求的标准取值。

8.5.2　当地下风机房、变电站及其他管理用房需人员长期值班时，应设置应急维持时间不小于 60min 的专用不间断电源，工作区内照明灯具应分组控制，且工作区内不少于 50% 灯具应由不间断电源供电；工作区内照度标准值宜按照 GB 50157 有关要求的标准取值。

9　出口段照明

9.1　出口段照明亮度的设计取值

9.1.1　单向交通隧道应设置出口段加强照明，隧道内行车时间按设计速度计算不超过 135s 时，出口段亮度按中间段亮度的 5 倍取值，布置长度宜取 60m；隧道内行车时间按设计速度计算超过 135s 时，出口段亮度按中间段第二个区段亮度的 5 倍取值，布置长度宜取 60m。

9.1.2　双向交通隧道中，两个洞口照明均按入口段照明要求设计。

9.2　出口段灯具布置

9.2.1　出口段灯具平面布置可采用中间布灯、中偏侧布灯、双侧布灯等形式，应从洞门建筑顶部以内 10m 开始布设。

9.2.2　出口段的照明由基本照明和加强照明两部分组成，出口段的基本照明灯具布置方式宜与中间段灯具布置方式一致，加强照明可选用功率较大的灯具。

10　接近段的减光

可与主体设计单位协商采用下列接近段减光措施：

a)　从接近段的起点，在路基两侧种植常青树；

b)　隧道轮廓外大幅坡面绿化；

c） 采用削竹式洞门形式；

d） 洞口采用端墙结构时，端墙墙面宜采用冷色调，墙面反光率应小于0.17；

e） 洞口至少一个照明停车视距长度的路面宜采用黑色路面。

11 应急照明

11.1 设置有照明设施的公路隧道均应设置应急照明系统，应急照明采用不间断供电系统。不间断供电系统应保证照明中断时间不大于0.3s，在正常供电电源失电时应急维持时间不小于30min。

11.2 配合启用应急照明，照明设计人员宜向隧道监控系统设计人员提出在洞外设置信号灯或可变信息板的要求，可设置在距洞口约1倍照明停车视距路侧处。

11.3 应急照明启用时，洞内路面亮度应不小于中间段亮度的10%，但最终亮度不得低于0.2cd/m^2。

11.4 无特殊要求时，应急照明灯具宜选用快速再启动的灯具。

11.5 采用不间断电源供电的应急照明灯具宜采用集中供电方式，正常时可作为基本照明的一部分，当正常电源检修或发生故障时，由不间断电源供电。

12 洞外引道照明

12.1 当隧道设置有夜间照明且洞口一个停车视距范围内无照明设施时，洞外引道宜布设路灯。

12.2 洞外引道布灯长度与路面亮度宜不低于表10中数值。

表10 洞外引道布灯长度与路面亮度表

设计速度 v_t(km/h)	路面亮度(cd/m^2)	长度(m)
100	2.0	180
80	1.0	130
60	0.5	95
40	0.5	60

13 特殊灯光带的设置

13.1 在地质条件允许时，7km及以上的特长隧道洞内宜设置特殊灯光带。特殊灯光带内宜设置与主洞照明有不同视觉场景和效果的景观照明设施。

13.2 特殊灯光带可在洞内按3.5km~5km等间距布设，每处特殊灯光带可采用净高和净宽渐变式的轮廓断面尺寸，每处灯光带设计长度宜在200m~250m之间，特殊灯光带还应综合考虑地质条件和周边地下变电所、地下风机房建筑物工程结构等因素进行选址。

13.3 特殊灯光带照明宜选用与主洞照明色调、色温显著不同、节能效果好的光源与灯具，景观照明方案应根据隧道所处的不同运行环境特点选取，避免选用动感过强、闪烁频率较高的景观照明方案。

13.4 特殊灯光带内道路照明亮度值宜取中间段照明亮度值的2.5倍~3倍。

13.5 特殊灯光带景观照明应不影响中间段的道路功能性照明。

13.6 特殊灯光带照明应采用独立回路供电，宜选用多类型的灯具搭配，使得特殊灯光带可根据早晨、白天、傍晚等时序做相应的控制，形成与驾驶人员时间感一致的照明效果。

14 光源与灯具的选用

14.1 一般要求

14.1.1 隧道照明光源与灯具应选用高光效、透雾性好或显色指数高且高密封性隧道专用照明灯具。高光效、透雾性好的隧道照明灯具主要指高压钠灯；显色指数高的隧道专用节能照明灯具主要指隧道LED灯、隧道专用荧光灯等。

14.1.2 隧道照明灯具应具有良好的防腐性能和防护等级。防腐性能应满足GB/T 18226要求，所有构件在隧道内潮湿的环境下寿命周期内不应生锈；灯具整体防护等级应不低于IP65。

14.1.3 隧道照明灯具应有适合公路隧道特点的防眩装置，且易于调整安装角度。

14.1.4 隧道照明可结合灯具布设方式选用对称、非对称、逆向非对称配光类灯具。

14.1.5 位于烟雾多发地区的隧道，其出、入口加强照明宜选用高压钠灯，基本照明灯具可根据隧道通风状况选择。对于通风质量好、能见度高的隧道，宜选用LED隧道灯、隧道专用荧光灯；对于通风质量差、烟尘浓度经常性较高的隧道，应选用透雾性能好、高光效的高压钠灯。

14.1.6 紧急停车带、车行横洞、人行横洞、地下风机房、地下变电所宜采用显色指数较好且能快速启动的LED隧道灯、荧光灯等节能型光源。

14.1.7 用于隧道照明的高压钠灯光源光效应不小于90lm/W，显色指数Ra应不小于25，使用寿命应不小于20 000h。

14.2 新型节能光源和灯具的要求

14.2.1 在350mA测试条件下，LED光源光效应不小于110lm/W，含电源在内的整灯光效应不小于90lm/W。整灯光效以国家电光源检测中心检测报告为准。

14.2.2 LED灯具显色指数Ra应不小于70。

14.2.3 功能性照明的LED光源色温宜在3 300K～5 000K范围内。

14.2.4 隧道LED灯具应配备与LED发光二极管寿命相适应的恒流驱动电源。恒流驱动电源应具有±15%额定输入宽电压适应能力，转换效率应不小于86%，功率因数应不小于0.9。

14.2.5 具有无级调光功能的LED灯具电源宜采用电压控制电流源亮度控制方式，亮度调整范围宜在0%～100%范围内；控制信号宜选0V～5V模拟信号传输方式，照明规模较小的隧道也可选用RS485或其他数字通信协议传输方式。

14.2.6 在额定电流下，LED光源工作50 000h时，其光通量维持率应不低于70%。

15 调光与控制

15.1 调光

15.1.1 隧道照明应选择与光源特性相匹配的调光法进行调光与控制，可选用的调光方式有回路控制调光法、镇流器双功率调光法、电力载波调光法或无级调光法等。

15.1.2 JTG/T D71隧道交通工程设施配置表中对CO/VI检测器、亮度检测器设置不作要求的隧道可采用时序调光方式。

15.1.3 仅设置有洞外亮度采集设施的公路隧道，照明系统在白天应具有按实时洞外亮度调节各加强照明区段亮度的功能，可按表11所示分四档控制调光；对于加强照明灯具布置数量较少的隧道，白天可按晴天、云天、阴天分三档控制调光。

15.1.4 设置有洞外亮度和交通量采集设施的公路隧道，照明系统在白天应具有按实时洞外亮度和实时交通量调节各加强照明区段亮度的功能。

表 11 调光表一

洞外环境亮度分级		调光亮度(cd/m^2)
Ⅰ	晴天	$L_{20}(t)$
Ⅱ	云天	$0.5 \times L_{20}(t)$
Ⅲ	阴天	$0.25 \times L_{20}(t)$
Ⅳ	重阴天	$0.13 \times L_{20}(t)$

15.1.5 采用回路控制调光法且设置有洞外亮度和交通量采集设施的公路隧道,白天可按表 12 所示分八档控制调光;对于加强照明灯具布置数量较少的隧道,白天可按晴天、云天、阴天分六档控制调光。

表 12 调光表二

洞外环境亮度分级		交通量 N 分级[辆/(h·车道)]		相应设计速度下的入口段亮度折减系数	调光亮度(cd/m^2)
		单向交通	双向交通		
晴天	Ⅰ	$N \leqslant 350$	$N \leqslant 180$	k_1	$k \times L_{20}(t)$
	Ⅱ	$N > 350$	$N > 180$	k_2	
云天	Ⅰ	$N \leqslant 350$	$N \leqslant 180$	k_1	$0.5 \times k \times L_{20}(t)$
	Ⅱ	$N > 350$	$N > 180$	k_2	
阴天	Ⅰ	$N \leqslant 350$	$N \leqslant 180$	k_1	$0.25 \times k \times L_{20}(t)$
	Ⅱ	$N > 350$	$N > 180$	k_2	
重阴天	Ⅰ	$N \leqslant 350$	$N \leqslant 180$	k_1	$0.13 \times k \times L_{20}(t)$
	Ⅱ	$N > 350$	$N > 180$	k_2	

注 1:实时交通量在Ⅰ档对应的交通量范围内时,入口亮度折减系数 k_1 从表 3 选取;

注 2:实时交通量在Ⅱ档对应的交通量范围内时,入口亮度折减系数 k_2 根据设计交通量值内插计算或从表 3 选取。

15.1.6 采用无级调光法且设置有洞外亮度采集和交通量采集设施的公路隧道,白天可按表 13 所示分档控制调光,k_2 与实时交通量平均值 N 的对应关系见表 14。

表 13 调光表三

洞外环境亮度分级		交通量 N 分级[辆/(h·车道)]		相应设计速度下的入口段亮度折减系数	调光亮度(cd/m^2)
		单向交通	双向交通		
晴天	Ⅰ	$N \leqslant 350$	$N \leqslant 180$	k_1	$k \times L_{20}(t)$
	Ⅱ	$350 < N < 1\,200$	$180 < N < 650$	k_2	
	Ⅲ	$N \geqslant 1\,200$	$N \geqslant 650$	k_3	
云天	Ⅰ	$N \leqslant 350$	$N \leqslant 180$	k_1	$0.5 \times k \times L_{20}(t)$
	Ⅱ	$350 < N < 1\,200$	$180 < N < 650$	k_2	
	Ⅲ	$N \geqslant 1\,200$	$N \geqslant 650$	k_3	

表 13(续)

洞外环境亮度分级		交通量 N 分级[辆/(h·车道)]		相应设计速度下的入口段亮度折减系数	调光亮度 (cd/m²)
		单向交通	双向交通		
阴天	Ⅰ	$N \leq 350$	$N \leq 180$	k_1	$0.25 \times k \times L_{20}(t)$
	Ⅱ	$350 < N < 1\,200$	$180 < N < 650$	k_2	
	Ⅲ	$N \geq 1\,200$	$N \geq 650$	k_3	
重阴天	Ⅰ	$N \leq 350$	$N \leq 180$	k_1	$0.13 \times k \times L_{20}(t)$
	Ⅱ	$350 < N < 1\,200$	$180 < N < 650$	k_2	
	Ⅲ	$N \geq 1\,200$	$N \geq 650$	k_3	

注 1:实时交通量在Ⅰ档对应的交通量范围内时,入口亮度折减系数 k_1 从表 3 选取;
注 2:实时交通量在Ⅱ档对应的交通量范围内时,入口亮度折减系数 k_2 根据实时交通量内插计算选取;
注 3:实时交通量在Ⅲ档对应的交通量范围内时,入口亮度折减系数 k_3 从表 3 选取。

表 14 k_2 与实时交通量平均值 N 关系表

交通方式	设计速度 v_t (km/h)	k_2 与 N 关系式	交通量平均值 N [辆/(h·车道)]
单向交通	100	$k_2 = 0.045 - 0.01 \times (1\,200 - N)/850$	$350 < N < 1\,200$
	80	$k_2 = 0.035 - 0.01 \times (1\,200 - N)/850$	
	60	$k_2 = 0.022 - 0.007 \times (1\,200 - N)/850$	
	40	$k_2 = 0.012 - 0.002 \times (1\,200 - N)/850$	
双向交通	100	$k_2 = 0.045 - 0.01 \times (650 - N)/470$	$180 < N < 650$
	80	$k_2 = 0.035 - 0.01 \times (650 - N)/470$	
	60	$k_2 = 0.022 - 0.007 \times (650 - N)/470$	
	40	$k_2 = 0.012 - 0.002 \times (650 - N)/470$	

注:N 可取 0.5h 内实时交通量的平均值。

15.1.7 隧道洞口位于无照明路段时,高速公路和一级公路隧道夜间照明亮度可取 1.5cd/m²,二级及以下等级公路隧道夜间照明亮度可取 1.0cd/m²。当单向交通隧道夜间交通量不大于 350 辆/(h·车道)、双向交通隧道夜间交通量不大于 180 辆/(h·车道)时,可只开启应急照明灯具。

15.1.8 隧道洞口位于有照明路段时,隧道夜间照明亮度应与该道路照明亮度水平一致。

15.1.9 当采用高压钠灯光源且交通量具有小范围内周期变化的特点时,可采用镇流器双功率调光法控制调光,并与回路控制调光法配合使用。

15.1.10 相邻档调光切换宜有 5min ~ 10min 的时间延迟。

15.1.11 电力载波调光法不宜在隧道交通工程分级 B 级以上的隧道照明系统中采用。

15.2 控制要求

15.2.1 设置照明的隧道均应结合光源特性选用适宜的照明控制系统。设置有完善监控系统的隧道，照明系统应配置合理的硬件和计算机系统。计算机系统应能与隧道监控系统提供的洞外亮度仪、通信管理机、PLC、车辆检测仪等设施实时通信，最大限度实现智能控制。

15.2.2 设置有完善监控系统的隧道主洞照明智能控制系统应同时具有现场手动控制、远程遥控、时序控制、全自动控制多种功能，且现场手动控制级别最高，级别依次降低；未设置监控设施的隧道照明控制系统应至少同时具有现场手动控制、时序控制功能。

15.2.2.1 手动控制：紧急情况、遇到自动控制出现故障或检修等特殊情况时，可在隧道管理站或隧道现场进行手动控制。

15.2.2.2 远程遥控：应用层计算机系统照明软件通过 PLC 或信号传输电缆对照明回路中设置的接触器或驱动电源远程控制。

15.2.2.3 时序控制：当全自动控制系统出现故障或检修时可根据当地经纬度及四季变化来自动校正灯具回路开关灯时间并能修改时序设置。

15.2.2.4 全自动控制：隧道现场设置的各类监控设施采集到的调光信号经计算机处理后，自动控制隧道内的路面照明亮度，使隧道内路面照明亮度与洞外亮度以及交通量相适应。

15.2.3 照明控制操作或显示界面上的分档及组合控制模式应与照明系统设计的分档及组合控制方式一致。

15.2.4 隧道照明宜采用集中控制方式，控制节点宜设置在隧道变电所内。

15.2.5 隧道内处于交通事故工况时，隧道照明控制应具有将事故发生点照明灯具开启到最大的功能。

15.2.6 隧道内处于火灾工况时，隧道照明控制应具有将所有照明灯具开启到最大的功能。

15.2.7 车行横通道的灯具应处于常关闭状态，需要时可实现远程自动控制、横通道两个洞口手动控制灯具的功能。手动控制级别高于自动控制。

15.2.8 人行横通道的灯具应处于常关闭状态，需要时可实现横洞两个洞口手动开灯且人离开横洞后延时自动关灯的功能。

15.2.9 无人值守的地下变电所、地下风机房内照明灯具应处于常关闭状态，需要时可实现远程自动控制、门口手动控制灯具的功能。手动控制级别高于自动控制。

15.3 照明控制软件

15.3.1 采用分级调光的照明系统，施工图设计文件应提出具体的照明分档调控阈值和软件基本控制功能要求。

15.3.2 照明控制软件在系统控制程序出现故障或检修等特殊情况时，应能快速切换到手动控制或时序控制模式下运行。

15.3.3 照明控制软件应采用图形用户界面（GUI），具备人性化的图标按钮、菜单选择和图形显示等视窗访问环境，应具有二次开发和扩充功能的能力，既可以在独立界面下运行，也可以作为模块方式集成在隧道监控软件下运行。

15.3.4 灯具组应能在照明软件模拟隧道电子图形中以小窗口形式显示，且能根据通信软件实时刷新以图标的颜色变化直观显示灯具组开闭状态。界面中宜有灯具组合布设提示说明。

15.3.5 模拟隧道电子图形应能在界面下无级放大与缩小。

15.3.6 人机界面中各种文字宜为国标简体中文汉字。系统应具有分级保密功能，不同级别的管理人员依不同口令进入系统执行不同级别的权限。

15.3.7 隧道照明控制软件应具有设备参数配置、（菜单、关键词、图形）查询、数据输入、功能测试、告警管理、数据存储、统计报表、用户管理等多项功能。

16 照明供配电与接地

16.1 公路隧道应按照明负荷等级设置照明供电系统。

16.2 隧道的应急照明应按一级负荷中特别重要的负荷供电，基本照明、地下建筑物内照明宜按一级负荷供电，加强照明宜按二级负荷供电。当隧道所在地区远离电力系统时，加强照明可按三级负荷供电。

16.3 紧急停车带照明灯具可采用由两个回路各带50%照明灯具的配电方式，以间隔方式分别接入基本照明回路和应急照明回路；人行横通道、车行横通道照明应接在应急照明供电回路上。

16.4 当隧道通风、消防等动力负荷和照明负荷共用变压器影响到照明质量时，宜单独设置照明变压器。照明变压器宜选用连接组别为D,yn11 的节能型三相电力变压器。

16.5 隧道应急照明除按要求配置外电电源外，还应设置在线式不间断电源（UPS）或应急电源装置（EPS）作为应急备用电源，电池维持供电时间应不小于30min。

16.6 高压钠灯、隧道LED灯具、荧光灯等在使用时均会有较高含量的谐波产生，照明供配电回路中可配置电力滤波装置，滤波后电网谐波含量应能满足GB/T 14549 中谐波电压限值的要求。

16.7 正常情况下，照明设备端子处供电电压偏差宜在±5%额定电压范围内；对于远离变电所的个别回路，难以满足上述要求时，电压偏差可按+5%、-8%控制。

16.8 变电所至照明配电箱之间的照明主供电干线电缆宜敷设于隧道强电侧电缆沟内；照明配电箱配出的支线电缆或绝缘护套线宜敷设于隧道侧壁的电缆桥架或线槽内。

16.9 敷设在隧道电缆沟内的应急照明主供电干线和支线电缆宜采用非铠装耐火型交联聚乙烯绝缘聚氯乙烯护套4芯等截面电力电缆，其余照明主供电干线电缆宜采用非铠装阻燃交联聚乙烯绝缘聚氯乙烯护套4芯等截面电力电缆。如有控制燃烧时卤素有毒气体的特殊要求，可采用无烟低卤型（DDZRNH、DDZN、WDZRNH或WDZN等）电力电缆；阻燃或耐火电缆应满足GB/T 12666 耐火标准。

16.10 每一分组内的照明灯具应按A、B、C相序分别接入，尽可能使三相平衡，最大相负荷电流宜不超过三相负荷电流算术平均值的115%，最小相负荷电流宜不小于三相负荷电流算术平均值的85%。

16.11 隧道内照明负荷具有线形分布特点，宜分段供电分段控制，宜按300m～500m的间距布置照明配电箱对照明负荷进行分段。

16.12 隧道照明用支线电缆或绝缘护套线可采用金属桥架或阻燃型玻璃钢桥架保护。金属桥架应做热镀锌防腐处理，镀锌量应满足GB/T 18226 要求，金属构件开孔、焊接工序均应在热镀锌前完成；线缆在桥架内横断面的填充率不应大于桥架横断面的40%。

16.13 隧道照明供配电宜采用TN-S接地系统。当电缆桥架为金属桥架时，其本体可作为照明接地干线，同时桥架之间应采用截面不小于10mm^{2}的软铜线或编织铜带跨接；当电缆桥架为阻燃型玻璃钢桥架时，可在桥架内敷设通长镀锌接地扁钢或镀铜钢绞线作为照明接地干线。

16.14 照明接地干线应与隧道供配电系统在电缆沟内敷设的总接地干线可靠连接。照明接地干线与总接地干线连接点不应少于2处；隧道较长时，应每隔300m～500m加密连接点。

16.15 隧道内所有的照明设备外露可导电部分均应与接地系统可靠连接，照明配电线路的接地故障保护应能满足GB 50054 中TN接地制式保护的有关规定。

17 照明计算

17.1 一般要求

17.1.1 隧道照明可采用等照度曲线法、利用光强表数值计算法、利用系数曲线图计算法进行计算。本规范给出高压钠灯灯具利用系数曲线图简要计算方法，计算所得的灯具间距、灯具功率可在初步设计和施工图设计中采用;因不同厂家灯具性能的差异性,项目进入联合设计或施工阶段中,可结合投标选型产品对灯具间距等参数进行核算并微调。

17.1.2 隧道照明计算时应考虑不同路面类型、隧道内壁装饰材料等因素对路面亮度的影响。

17.1.3 大型车比例大于50%且洞内纵坡大于2%的特长隧道,灯具养护系数 M 宜取0.6,其他情况 M 宜取0.7;灯具利用系数由灯具利用系数曲线查取,无资料时,高压钠灯可取 $\eta=0.75$,LED 灯具可取 $\eta=0.9$。

17.1.4 LED 光源可采用专用照明软件并配合具体灯具厂家提供的配光曲线文件计算。

17.2 照明计算

17.2.1 照明计算需确定的参数:

a) 隧道净空断面形式;

b) 路面材料及其亮度系数或简化亮度系数;

c) 灯具布置方式及安装高度、仰角;

d) 光源及灯具的类型、规格;

e) 灯具的光强分布表、利用系数曲线图、等光强曲线图、亮度产生曲线图等。

17.2.2 照度计算

17.2.2.1 利用光强表数值计算法

a) 某一灯具在洞内路面计算点产生的水平照度可按式(4)计算:

$$E_{pi} = \frac{I_{c\gamma}}{H^2} \cdot \cos^3\gamma \cdot \frac{\phi}{1\,000} \cdot M \tag{4}$$

式中:E_{pi}——灯具在洞内路面计算点 P 产生的水平照度,单位为勒克斯(lx);

γ——P 点对应的灯具光线入射角,单位为度(°);

$I_{c\gamma}$——灯具在计算点 P 的光强值,单位为坎德拉(cd),按灯具厂家提供的灯具光强表取值;

M——灯具养护系数;

ϕ——灯具的额定光通量,流明(lm);

H——灯具光源中心至路面的高度,单位为米(m)。

b) 数个灯具在计算点所产生的照度可按式(5)计算:

$$E_p = \sum_{i=1}^{n} E_{pi} \tag{5}$$

式中:E_p——P 点的水平照度,单位为勒克斯(lx);

n——灯具的数量,计算时可取计算区域前后各一组灯,2个~4个。

c) 路面平均照度可按式(6)计算:

$$E_{av} = \frac{\sum_{i=1}^{n} E_{pi}}{m} \tag{6}$$

式中:E_{av}——路面平均水平照度,单位为勒克斯(lx);

m——计算区域内计算点的总数。

17.2.2.2 利用系数曲线图计算法

路面平均水平照度可按式(7)计算:

$$E_{av} = \frac{\eta \cdot \phi \cdot M \cdot N}{W \cdot S} \tag{7}$$

式中:E_{av}——路面平均水平照度,单位为勒克斯(lx);

N——灯具布置系数,对称布置时取2,交错及中线布置时取1;

W——含两侧电缆沟在内的隧道路面宽度,单位为米(m);

S——灯具间距,单位为米(m)。

17.2.3 亮度计算方法及步骤

a) 亮度计算应满足下列计算条件:

1) 计算区域不小于灯具间距;

2) 观察点距计算区域取 60m ~ 160m,距路面边缘为 1/4 路面宽,距路面高度为 1.5m;

3) 计算区域内纵向计算点间距不宜小于 1m,横向计算点应不少于 5 点;

4) 计算灯具应包括计算区域前后各一组,2 个 ~4 个。

b) 某灯具在路面计算点产生的亮度可按式(8)计算:

$$L_{pi} = \frac{I_{c\gamma}}{H^2} \cdot r(\beta,\gamma) \tag{8}$$

式中:L_{pi}——灯具在 i 点产生的亮度,单位为坎德拉每平方米(cd/m²);

$r(\beta,\gamma)$——简化亮度系数,参见附录 B;

β——观察面与光入射面之间的夹角,单位为度(°)。

c) 数个灯具在计算点产生的亮度可按式(9)计算:

$$L_{p} = \sum_{i=1}^{n} E_{pi} \tag{9}$$

式中:L_p——P 点产生的亮度,单位为坎德拉每平方米(cd/m²)。

d) 计算区域内路面的平均亮度可按式(10)计算:

$$L_{av} = \frac{\sum_{i=1}^{m} L_p}{m} \tag{10}$$

式中:L_{av}——计算区域内路面的平均亮度,单位为坎德拉每平方米(cd/m²)。

17.2.4 均匀度计算

a) 路面亮度总均匀度可按式(11)计算:

$$U_0 = \frac{L_{min}}{L_{av}} \tag{11}$$

式中:U_0——路面亮度总均匀度;

L_{min}——计算区域内路面最小亮度,单位为坎德拉每平方米(cd/m²)。

b) 路面中线亮度纵向均匀度可按式(12)计算:

$$U_1 = \frac{L'_{min}}{L'_{max}} \tag{12}$$

式中:U_1——路面中线亮度纵向均匀度;

L'_{min}——路面中线最小亮度,单位为坎德拉每平方米(cd/m²);

L'_{max}——路面中线最大亮度,单位为坎德拉每平方米(cd/m²)。

17.2.5 灯具布置闪烁计算

灯具布置闪烁频率可按式(13)计算:

$$f = \frac{v}{s} \tag{13}$$

式中:f——闪烁频率,单位为赫兹(Hz);

v——设计速度,单位为米每秒(m/s);

s——灯具布置间距,单位为米(m)。

闪烁频率 f 应满足 8.3.6 条要求。灯具布设闪烁频率在 2.5Hz ~ 11Hz 之间时,应调整灯具布设。

17.2.6 眩光计算

照明设施所产生的失能眩光的定量评价采用 GB/T 24969 中的眩光限制阈值增量 TI 进行。TI 可

按式(14)计算:

$$TI = 65 \times (L_v / L_r^{0.8}) \times 100\% \qquad (L \leqslant 5cd/m^2)$$
$$TI = 95 \times (L_v / L_r^{1.05}) \times 100\% \qquad (L > 5cd/m^2) \tag{14}$$

式中:L_r——道路表面平均亮度,单位为坎德拉每平方米(cd/m^2);

L_v——等效光幕亮度,单位为坎德拉每平方米(cd/m^2)。

等效光幕亮度 L_v 经验计算公式如式(15)所示:

$$L_v = K \cdot \sum_{i=1}^{n} \frac{E_{eyei}}{\theta_i^2} \tag{15}$$

式中:E_{eyei}——第 i 个眩光源在垂直于视线的人眼视网膜上的照度,单位为勒克斯(lx);

θ_i——视线方向和第 i 个眩光源的光射入观察者眼睛的夹角,单位为度(°);

K——年龄系数(可取 10);

n——眩光源总数。

在白天,入口段、过渡段和中间段的阈值增量须小于 15%,而出口段的阈值增量不作严格限定。

附 录 A
（规范性附录）
光学长隧道的计算方法

A.1 光学长隧道的长度可根据隧道平曲线半径、隧道车道数以及隧道设计速度等参数按式（A.1）计算：

$$L_{op} = \left[\arccos\left(\frac{R - W'/2}{R}\right) + \arccos\left(\frac{R - W'/2}{R + W'/2}\right)\right] \cdot R - D_s \qquad (A.1)$$

式中：L_{op}——光学长隧道长度，单位为米（m）；

R——隧道平曲线半径，单位为米（m）；

W'——隧道建筑限界净宽，单位为米（m）。

A.2 隧道平曲线分为设超高的平曲线和不设超高的平曲线，技术指标应符合 JTG D20 的有关规定。光学长隧道长度可根据所在不同类别隧道平曲线的曲线半径、车道数以及设计速度进行计算。表 A.1 给出了不设超高且路拱小于 2% 时的光学长隧道长度最小值，表 A.2 给出了不设超高且路拱大于 2% 时的光学长隧道长度最小值，表 A.3 给出了设超高时的光学长隧道长度最小值。

表 A.1 不设超高且路拱小于 2% 时的光学长隧道长度最小值 单位为米

设计速度	60km/h			80km/h			100km/h		
车道数	2 车道	3 车道	4 车道	2 车道	3 车道	4 车道	2 车道	3 车道	4 车道
隧道宽度 W'	9.75	13.5	17.25	10.25	14	17.75	10.5	14.25	18
停车视距 D_s	56	56	56	100	100	100	158	158	158
平曲线最小半径 R	1 500	1 500	1 500	2 500	2 500	2 500	4 000	4 000	4 000
光学长隧道长度 L_{op}	235.81	287.30	331.99	286.34	351.46	408.27	336.66	418.22	489.57

表 A.2 不设超高且路拱大于 2% 时的光学长隧道长度最小值 单位为米

设计速度	60km/h			80km/h			100km/h		
车道数	2 车道	3 车道	4 车道	2 车道	3 车道	4 车道	2 车道	3 车道	4 车道
隧道宽度 W'	9.75	13.5	17.25	10.25	14	17.75	10.5	14.25	18
停车视距 D_s	56	56	56	100	100	100	158	158	158
平曲线最小半径 R	1 900	1 900	1 900	3 350	3 350	3 350	5 250	5 250	5 250
光学长隧道长度 L_{op}	272.46	330.43	380.75	347.25	422.66	488.45	408.74	502.19	583.95

表 A.3 设超高时的光学长隧道长度最小值 单位为米

设计速度	60km/h			80km/h			100km/h		
车道数	2 车道	3 车道	4 车道	2 车道	3 车道	4 车道	2 车道	3 车道	4 车道
隧道宽度 W'	9.75	13.5	17.25	10.25	14	17.75	10.5	14.25	18
停车视距 D_s	56	56	56	100	100	100	158	158	158
平曲线最小半径 R	200	200	200	400	400	400	700	700	700
光学长隧道长度 L_{op}	50.20	68.78	84.85	54.25	80.16	102.71	48.73	82.73	112.44

附 录 B
（规范性附录）
路面简化亮度系数

图 B.1 示出了隧道内某观察点 G、灯具安装点 D、计算点 P 相对空间位置下亮度计算参数 β、γ 的关系，表 B.1 为水泥混凝土路面的简化亮度系数 $r(\beta,\gamma)$ 值，表 B.2 为沥青混凝土路面的简化亮度系数 $r(\beta,\gamma)$ 值。

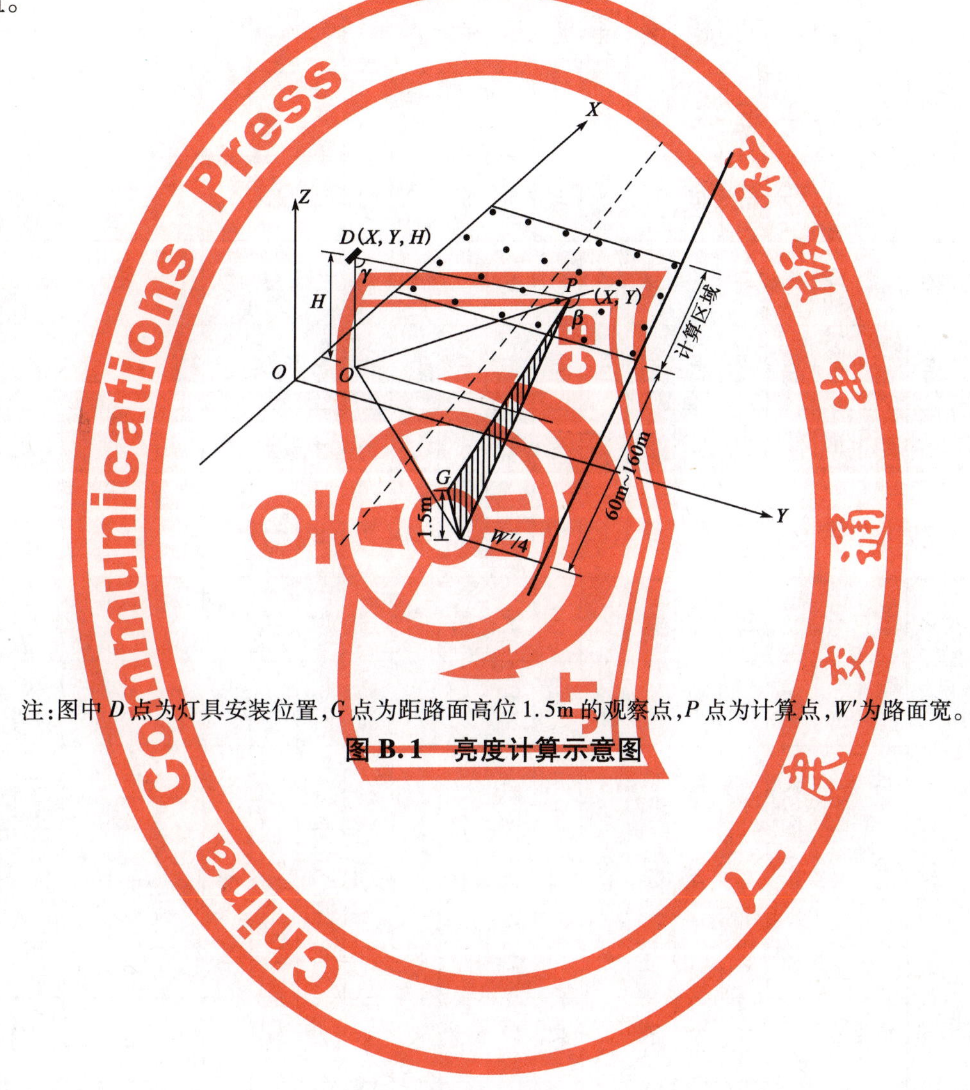

注：图中 D 点为灯具安装位置，G 点为距路面高位 1.5m 的观察点，P 点为计算点，W' 为路面宽。

图 B.1 亮度计算示意图

表 B.1 水泥混凝土路面简化亮度系数 $r(\beta,\gamma)$

tanγ	β (°)																			
	0	2	5	10	15	20	25	30	35	40	45	60	75	90	105	120	135	150	165	180
0	655	655	655	655	655	655	655	655	655	655	655	655	655	655	655	655	655	655	655	655
0.25	619	619	619	619	610	610	610	610	610	610	610	610	610	601	601	601	601	601	601	601
0.5	539	539	539	539	539	539	521	521	521	521	521	503	503	503	503	503	503	503	503	503
0.75	431	431	431	431	431	431	431	431	431	431	395	386	371	371	371	371	371	386	395	395
1	341	341	341	341	323	323	305	296	287	287	278	269	269	269	269	269	269	278	278	278
1.25	269	269	269	269	260	251	242	224	207	198	189	189	180	180	180	180	180	189	198	207
1.5	224	224	224	215	198	180	171	162	153	148	144	144	139	139	139	144	148	153	162	180
1.75	189	189	189	171	153	139	130	121	117	112	108	103	99	99	103	108	112	121	130	139
2	161	162	157	135	117	108	99	94	90	85	85	83	84	84	86	90	94	99	103	111
2.5	121	121	117	95	79	66	60	57	54	52	51	50	51	52	54	58	61	65	69	75
3	94	94	86	66	49	41	38	36	34	33	32	31	31	33	35	38	40	43	47	51
3.5	81	80	66	46	33	28	25	23	22	22	21	21	22	22	24	27	29	31	34	38
4	71	69	55	32	28	20	18	16	15	14	14	14	15	17	19	20	22	23	25	27
4.5	63	59	43	24	17	14	13	12	12	11	11	11	12	13	14	14	16	17	19	21
5	57	52	36	19	14	12	10	9.0	9.0	8.8	8.7	8.7	9.0	10	11	13	14	15	16	16
5.5	51	47	31	15	11	9.0	8.1	7.8	7.7	7.7	6									
6	47	42	25	12	8.5	7.2	6.5	6.3	6.2											
6.5	43	38	22	10	6.7	5.8	5.2	5.0												
7	40	34	18	8.1	5.6	4.8	4.4	4.2												
7.5	37	31	15	6.9	4.7	4.0	3.8													
8	35	28	14	5.7	4.0	3.6	3.2													

表 B.1(续)

tanγ	β (°)																			
	0	2	5	10	15	20	25	30	35	40	45	60	75	90	105	120	135	150	165	180
8.5	33	25	12	4.8	3.6	3.1	2.9													
9	31	23	10	4.1	3.2	2.8														
9.5	30	22	9.0	3.7	2.8	2.5														
10	29	20	8.2	3.2	2.4	2.2														
10.5	28	18	7.3	3.0	2.2	1.9														
11	27	16	6.6	2.7	1.9	1.7														
11.5	26	15	6.1	2.4	1.7															
12	25	14	5.5	2.2	1.6															

注：水泥混凝土路面平均亮度系数 $Q_0 = 0.10$。表中 r 值已扩大 1 000 倍，实际使用时应乘以 10^{-3}。

表 B.2 沥青混凝土路面简化亮度系数 $r(\beta,\gamma)$

tanγ	β (°)																			
	0	2	5	10	15	20	25	30	35	40	45	60	75	90	105	120	135	150	165	180
0	329	329	329	329	329	329	329	329	329	329	329	329	329	329	329	329	329	329	329	329
0.25	362	358	371	364	371	369	362	357	351	349	348	340	328	312	299	294	298	288	292	281
0.5	379	368	375	373	367	359	350	340	328	317	306	280	266	249	237	237	231	231	227	235
0.75	380	375	378	365	351	334	315	295	275	256	239	218	198	178	175	176	176	169	175	176
1	372	375	372	354	315	277	243	221	205	192	181	152	134	130	125	124	125	129	128	128
1.25	375	373	352	318	265	221	189	166	150	136	125	107	91	93	91	91	88	94	97	97
1.5	354	352	336	271	213	170	140	121	109	97	87	76	67	65	66	66	67	68	71	71
1.75	333	327	302	222	166	129	104	90	75	68	63	53	51	49	49	47	52	51	53	54
2	318	310	266	180	121	90	75	62	54	50	48	40	40	38	38	38	41	41	43	45

表 B.2(续)

tanγ	β (°)																			
	0	2	5	10	15	20	25	30	35	40	45	60	75	90	105	120	135	150	165	180
2.5	268	262	205	119	72	50	41	36	33	29	26	25	23	24	25	24	26	27	29	28
3	227	217	147	74	42	29	25	23	21	19	18	16	16	17	18	17	19	21	21	23
3.5	194	168	106	47	30	22	17	14	13	12	12	11	10	11	12	13	15	14	15	14
4	168	136	76	34	19	14	13	11	10	10	10	8	8	9	10	9	11	12	11	13
4.5	141	111	54	21	14	11	9	8	8	8	8	7	7	8	8	8	8	10	10	11
5	126	90	43	17	10	8	8	7	6	6	7	6	7	6	6	7	8	8	8	9
5.5	107	79	32	12	8	7	7	7	6	5										
6	94	65	26	10	7	6	6	6	5											
6.5	86	56	21	8	7	6	5	5												
7	78	50	17	7	7	5	5	5												
7.5	70	41	14	7	4	3	4													
8	63	37	11	5	4	4	4													
8.5	60	37	10	5	4	4	4													
9	56	32	9	5	4	3														
9.5	53	28	9	4	4	4														
10	52	27	7	5	4	3														
10.5	45	23	7	4	3	3														
11	43	22	7	3	3	3														
11.5	44	22	7	3	3															
12	42	20	7	4	3															

注：沥青路面平均亮度系数 $Q_0=0.07$。表中 r 值已扩大 1 000 倍，实际使用时应乘以 10^{-3}。

参 考 文 献

[1] JTJ 16—2008 民用建筑电气设计规范[S].北京:中国建筑工业出版社,2008.

[2] JTJ D70—2004 公路隧道设计规范[S].北京:人民交通出版社,2004.

[3] JTJ 026.1—1999 公路隧道通风照明设计规范[S].北京:人民交通出版社,1999.

[4] JT/T 609—2004 公路隧道照明灯具[S].北京:人民交通出版社,2004.

[5] 韩直,方建勤,洪伟鹏.公路隧道节能技术[M].北京:人民交通出版社,2010.

[6] 涂耘,王小军,周健.福建公路隧道洞外亮度 $L_{20}(S)$ 研究[J].公路交通技术,2007(9).

[7] 涂耘,王少飞,侯伶.浙西南山区高速公路隧道洞外亮度研究[J].公路,2012(1).

[8] 胡英奎,陈仲林,刘英婴.道路照明常用光源在视觉条件下的光效[J].重庆大学学报(自然科学版),2007(1).

[9] 金鹏,喻春雨,周奇峰.LED 在道路照明的光效优势[J].光学精密工程,2011(1).

[10] 周健,吕晓峰,杨洋.公路隧道 LED 灯照明系统无级调光控制方式研究[J].公路隧道,2010(3).

[11] 杨勇,朱传征,李伟.公路隧道照明眩光指标研究[J].交通标准化,2009(12)上半月刊.

[12] 胡英奎,陈仲林,孙春红.公路隧道洞外亮度的确定方法对比分析[J].灯与照明,2010(6).

[13] 黄艳国,倪艳明,许伦辉.公路隧道照明无级调光模糊控制方法[J].广西师范大学学报,2011(3).

[14] 周健,侯鹏,林利安.公路隧道 LED 照明系统无级调光控制方式研究[J].公路交通科技,2009(11).

[15] 黄文权,林苏斌,缪希仁.基于电力线载波通信的智能照明调光控制系统[J].低压电器,2008(16).

[16] 邹吉平,李丽,解全花.重识道路和隧道照明中亮度与照度的关系[J].建筑电器,2010(29)7 期.